W9-BFF-259

W9-BFF-259

The Kids Can Press French & English Phrase Book

written by
Chantal Lacourcière Kenny

illustrated by
Linda Hendry

Kids Can Press

For Liam, Padraig, Brigitte and François

Kids Can Press acknowledges the financial support of
the Ontario Arts Council, the Canada Council for the Arts and
the Department of Cultural Heritage.

Published in Canada by
Kids Can Press Ltd.
29 Birch Avenue
Toronto, ON M4V 1E2

Published in the U.S. by
Kids Can Press Ltd.
85 River Rock Drive, Suite 202
Buffalo, NY 14207

Edited by Linda Biesenthal
Designed by Julia Naimska

Printed in Hong Kong by Wing King Tong Co. Ltd.

CM 99 0 9 8 7 6 5 4 3 2 1

Canadian Cataloguing in Publication Data

Lacourcière Kenny, Chantal

The Kids Can Press French & English phrase book

ISBN 1-55074-477-1

1. Picture dictionaries, French – Juvenile literature. 2. Picture dictionaries,
English – Juvenile literature. 3. French language – Terms and phrases –
Juvenile literature. 4. English language – Terms and phrases – Juvenile
literature. I. Hendry, Linda. II. Title. III. Title: Kids Can Press
French and English phrase book.

PC2629.L32 1999   j443'.21   C99-930360-0

Kids Can Press is a Nelvana company

Table of Contents

Bonjour! Ça va?
Hello! How are you?

Je m'appelle Rose Martin.
My name is Rose Martin.

Voici mon quartier.
This is my neighborhood.

J'ai huit ans.
I am eight years old.

Je porte des lunettes.
I wear glasses.

Mon chien s'appelle Miko.
My dog's name is Miko.

Miko porte un foulard.
Miko is wearing a bandanna.

J'aime faire de la bicyclette.
I like to ride my bicycle.

J'habite en ville.
I live in the city.

Ma maison est petite.
My house is small.

Le chat est dans l'arbre.
The cat is in the tree.

Des filles jouent à la marelle.
Some girls are playing hopscotch.

La planche à roulettes est sur le trottoir.
The skateboard is on the sidewalk.

Je te présente ma famille
Meet my family

Ma mère s'appelle Marguerite.
My mother's name is Marguerite.

Elle est musicienne.
She is a musician.

Mon père s'appelle Maurice.
My father's name is Maurice.

Il est pompier.
He is a firefighter.

J'ai un frère.
I have a brother.

Il s'appelle Jordan.
His name is Jordan.

Il aime jouer avec ses dinosaures.
He likes to play with his dinosaurs.

Mon oncle et ma tante habitent à la campagne.
My uncle and my aunt live in the country.

Mon grand-père est canadien.
My grandfather is Canadian.

Ma grand-mère est née en Martinique.
My grandmother was born in Martinique.

Marie-Paule et Paulette sont mes cousines.
Marie-Paule and Paulette are my cousins.

Miko est mon meilleur ami.
Miko is my best friend.

À la maison
At home

La famille est dans la cuisine.
The family is in the kitchen.

Aujourd'hui, c'est samedi.
Today is Saturday.

C'est l'anniversaire de grand-mère.
It is grandmother's birthday.

Il y a des dessins sur le réfrigérateur.
There are pictures on the refrigerator.

Papa fait un gâteau au chocolat.
Dad is making a chocolate cake.

Jordan est à genoux sur la chaise.
Jordan is kneeling on the chair.

Il mélange le sucre et le beurre.
He is mixing the sugar and butter.

Miko regarde la télé!
Miko is watching TV!

Maman s'exerce au violon.
Mom is practicing on the violin.

C'est sa chanson favorite.
It is her favorite song.

Rose gonfle un ballon.
Rose is blowing up a balloon.

Les raisins sont sur la table.
The grapes are on the table.

Le magasin de fruits et de légumes
The fruit and vegetable store

Les Martin font des courses.
The Martins are shopping.

Vous désirez?
May I help you?

Rose aime le jus d'orange.
Rose likes the orange juice.

La laitue est verte.
The lettuce is green.

Les pommes de terre sont dans le panier.
The potatoes are in the basket.

Les radis sont rouges.
The radishes are red.

Miko attend dehors.
Miko is waiting outside.

Combien coûtent les framboises?
How much are the raspberries?

Les bananes sont jaunes.
The bananas are yellow.

Les fleurs sont belles.
The flowers are beautiful.

Regarde ce gros concombre!
Look at this big cucumber!

Les oignons sont à côté des tomates.
The onions are next to the tomatoes.

La librairie du coin
The corner bookstore

L'homme achète une revue.
The man is buying a magazine.

Toute la famille est dans la librairie.
The whole family is in the bookstore.

Madame Martin veut un livre sur les animaux.
Mrs. Martin wants a book about animals.

Rose cherche un cadeau pour sa grand-mère.
Rose is looking for a gift for her grandmother.

Les livres sont sur les rayons.
The books are on the shelves.

Jordan aime le dictionnaire.
Jordan likes the dictionary.

Monsieur Martin est près de la porte.
Mr. Martin is near the door.

Miko aime le caniche.
Miko likes the poodle.

Ce magasin vend aussi des DC et des vidéocassettes.
This store also sells CDs and videos.

Il y a beaucoup de livres.
There are lots of books.

La femme porte une belle robe.
The woman is wearing a beautiful dress.

Les enfants écoutent une histoire.
The children are listening to a story.

Bon anniversaire, Grand-mère!
Happy Birthday, Grandmother!

Grand-maman ouvre un cadeau.
Grandma is opening a gift.

Maman verse un verre de limonade.
Mom is pouring a glass of lemonade.

Papa prend une photo.
Dad is taking a picture.

Il y a des bougies sur le gâteau.
There are candles on the cake.

Oncle Michel porte un tablier.
Uncle Michel is wearing an apron.

Il fait cuire des hamburgers.
He is cooking hamburgers.

Il y a des ballons sur la balançoire.
There are balloons on the swing.

Tante Maria est enceinte.
Aunt Maria is pregnant.

Jordan regarde le papillon.
Jordan is watching the butterfly.

Les enfants font des bulles.
The children are blowing bubbles.

Miko joue dans le jardin.
Miko is playing in the garden.

Marie-Paule et Paulette sont jumelles.
Marie-Paule and Paulette are twins.

À l'école
At school

Il est 8 h 30.
It is 8:30.

Tout le monde arrive de bonne heure.
Everyone arrives early.

L'auto est stationnée devant l'école.
The car is parked in front of the school.

Les parents attendent à l'extérieur de l'école.
The parents are waiting outside the school.

L'élève va à l'école à pied.
The student is walking to school.

La petite fille est assise dans le chariot.
The little girl is sitting in the wagon.

Madame Martin serre Jordan dans ses bras.
Mrs. Martin gives Jordan a hug.

La directrice flatte Miko.
The principal is petting Miko.

Le professeur regarde par la fenêtre.
The teacher is looking out the window.

Madame Chin joue au basket-ball.
Mrs. Chin is playing basketball.

Les enfants jouent à la balle.
The children are playing ball.

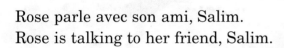

Le sac à dos est à côté de la fontaine.
The knapsack is beside the fountain.

Les enfants sautent à la corde.
The children are skipping.

Rose parle avec son ami, Salim.
Rose is talking to her friend, Salim.

Salim est en fauteuil roulant.
Salim uses a wheelchair.

Bienvenue dans notre classe!
Welcome to our class!

Voici la salle de classe de Jordan.
This is Jordan's classroom.

Monsieur McPherson joue de la guitare.
Mr. McPherson is playing the guitar.

Un groupe d'enfants chante.
A group of children is singing.

Les enfants aiment se déguiser.
The children like to dress up.

Jordan est dans le coin de lecture.
Jordan is in the reading area.

Il lit un livre.
He is reading a book.

Aujourd'hui, c'est lundi.
Today is Monday.

Le garçon travaille à l'ordinateur.
The boy is working on the computer.

La fille fait du coloriage.
The girl is coloring.

Daniel range le casse-tête.
Daniel is putting the puzzle away.

La règle est sur le bureau du professeur.
The ruler is on the teacher's desk.

Voilà la poubelle.
There is the garbage can.

Le terrain de soccer
The soccer field

L'entraîneuse pousse des hourras.
The coach is cheering.

Les enfants jouent au soccer.
The children are playing soccer.

Rose court après le ballon.
Rose runs after the ball.

Deux joueurs courent après Rose.
Two players are running after Rose.

L'équipe de Rose porte des chandails rouges.
Rose's team is wearing red uniforms.

Il y a un, deux, trois, quatre, cinq, six, sept, huit, neuf, dix, onze, douze joueurs.
There are one, two, three, four, five, six, seven, eight, nine, ten, eleven, twelve players.

Le ballon est en l'air.
The ball is in the air.

C'est un match nul.
The score is tied.

Le numéro un est gardien de but.
Number one is goalkeeper.

Le numéro six est devant le but.
Number six is in front of the net.

L'arbitre donne un coup de sifflet.
The referee blows the whistle.

Jordan joue à cache-cache avec Miko.
Jordan is playing hide-and-seek with Miko.

Chez le docteur
The doctor's office

Voici le bureau de docteure Bernstein.
Here is Doctor Bernstein's office.

Les patients sont dans la salle d'attente.
The patients are in the waiting room.

L'adolescent a la jambe cassée.
The teenager has a broken leg.

Il marche avec des béquilles.
He is walking with crutches.

La fille a mal à la tête.
The girl has a headache.

Peter a la varicelle.
Peter has chickenpox.

L'infirmière est petite.
The nurse is short.

Docteure Bernstein est grande.
Doctor Bernstein is tall.

Rose a mal à la cheville.
Rose has a sore ankle.

Le bébé pleure.
The baby is crying.

Jordan tient la main de sa sœur.
Jordan is holding his sister's hand.

Le garçon est blessé à l'épaule.
The boy has hurt his shoulder.

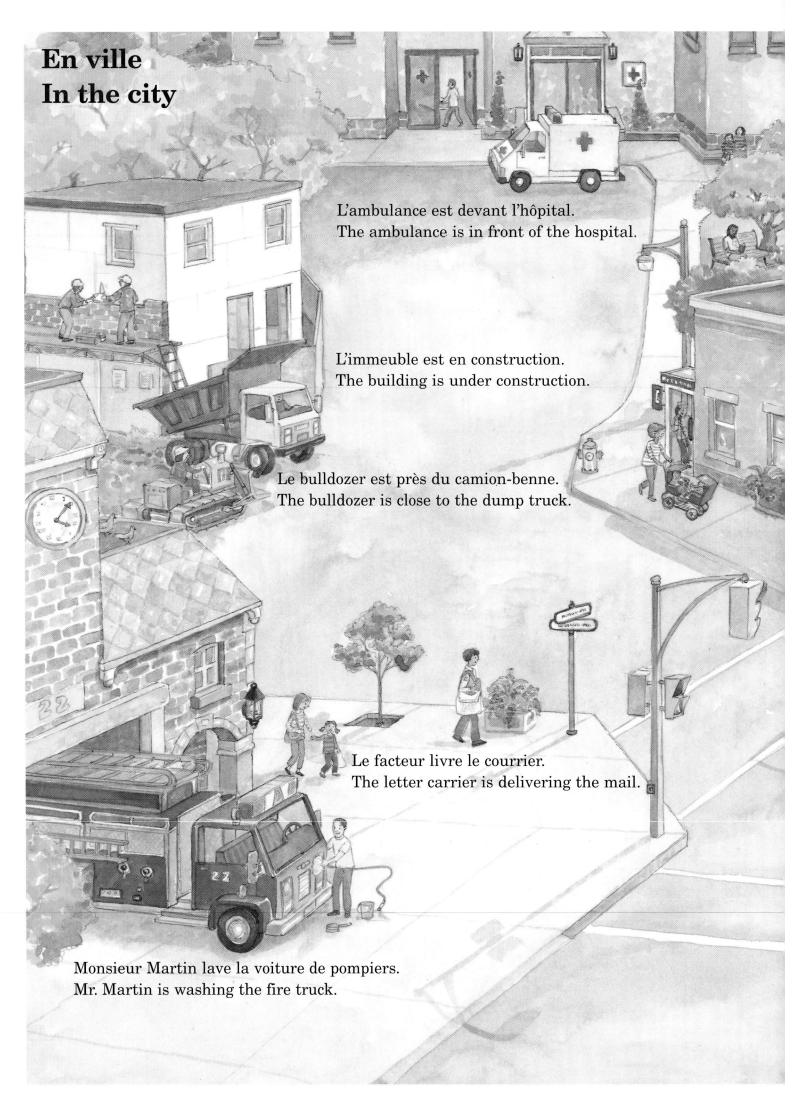

En ville
In the city

L'ambulance est devant l'hôpital.
The ambulance is in front of the hospital.

L'immeuble est en construction.
The building is under construction.

Le bulldozer est près du camion-benne.
The bulldozer is close to the dump truck.

Le facteur livre le courrier.
The letter carrier is delivering the mail.

Monsieur Martin lave la voiture de pompiers.
Mr. Martin is washing the fire truck.

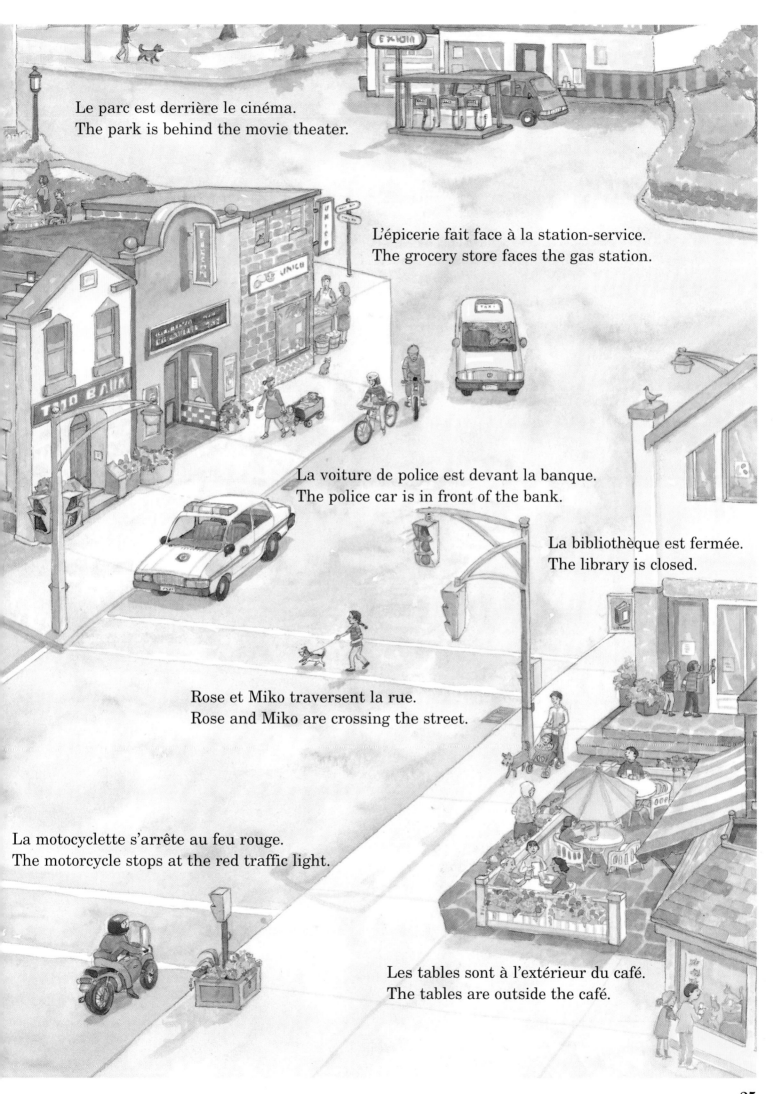

Le parc est derrière le cinéma.
The park is behind the movie theater.

L'épicerie fait face à la station-service.
The grocery store faces the gas station.

La voiture de police est devant la banque.
The police car is in front of the bank.

La bibliothèque est fermée.
The library is closed.

Rose et Miko traversent la rue.
Rose and Miko are crossing the street.

La motocyclette s'arrête au feu rouge.
The motorcycle stops at the red traffic light.

Les tables sont à l'extérieur du café.
The tables are outside the café.

À la plage
At the beach

La famille est en vacances.
The family is taking a vacation.

Il fait frais sous les arbres.
It is cool under the trees.

Madame Martin met de la crème solaire sur Rose.
Mrs. Martin is putting sunscreen lotion on Rose.

Jordan porte un chapeau de soleil.
Jordan is wearing a sunhat.

Rose porte un maillot de bain.
Rose is wearing a swimsuit.

Rose et Jordan font des châteaux de sable.
Rose and Jordan are making sandcastles.

Le soleil brille.
The sun is shining.

Il fait chaud aujourd'hui.
It is hot today.

Voilà un voilier.
There is a sailboat.

Miko nage vers les canards.
Miko is swimming toward the ducks.

Monsieur Martin porte un T-shirt et un short.
Mr. Martin is wearing a T-shirt and shorts.

La pelle et le seau sont dans le sable.
The shovel and pail are in the sand.

Une fin de semaine à la campagne
A weekend in the country

Le veau court vers sa mère.
The calf runs to its mother.

Les cochons sont dans la boue.
The pigs are in the mud.

Rose et Miko jouent dans la grange.
Rose and Miko are playing in the barn.

Le père de Rose conduit le tracteur.
Rose's father is driving the tractor.

Le coq et les poules sont dans la basse-cour.
The rooster and the hens are in the farmyard.

Jordan transporte des œufs frais.
Jordan is carrying fresh eggs.

La vache broute l'herbe.
The cow is eating grass.

Les moutons sont dans le champ.
The sheep are in the field.

Le pommier est près de la clôture.
The apple tree is close to the fence.

Le cheval mange de l'avoine.
The horse is eating oats.

Les jumelles portent des salopettes.
The twins are wearing overalls.

Oncle Michel peint la niche.
Uncle Michel is painting the doghouse.

Tante Maria est assise sur la véranda.
Aunt Maria is sitting on the porch.

Le samedi après-midi
Saturday afternoon

Tout le monde se détend dans le salon.
Everyone is relaxing in the living room.

Voici des photos de la famille.
Here are some photos of the family.

Monsieur Martin lit le journal.
Mr. Martin is reading the newspaper.

C'est ton tour!
It's your turn!

Les cousins jouent aux cartes.
The cousins are playing cards.

Oncle Michel tire les rideaux.
Uncle Michel is closing the curtains.

Madame Martin joue du piano.
Mrs. Martin is playing the piano.

La fenêtre est ouverte.
The window is open.

Non, c'est le tour de Paulette.
No, it's Paulette's turn.

Miko se cache sous le banc.
Miko is hiding under the bench.

Tante Maria tricote de petites chaussettes.
Aunt Maria is knitting baby socks.

La laine est sur le sofa.
The wool is on the sofa.

Bon appétit!
Enjoy your meal!

C'est l'heure du dîner au restaurant.
It's dinner time at the restaurant.

Où est ta fourchette, Marie-Paule?
Where is your fork, Marie-Paule?

Je ne sais pas.
I don't know.

Jordan a soif.
Jordan is thirsty.

Il boit un grand lait frappé.
He is drinking a large milk shake.

Rose a faim.
Rose is hungry.

Elle mange du poisson, une salade et des frites.
She is eating fish, salad and chips.

La salle de jeux
The playroom

Le globe terrestre est sur la bibliothèque.
The globe is on the bookcase.

Le service à thé est sur la table.
The tea set is on the table.

Miko aime la maison de poupée.
Miko likes the dollhouse.

Rose et Paulette jouent aux échecs.
Rose and Paulette are playing chess.

Marie-Paule joue avec le train.
Marie-Paule is playing with the train.

L'ours en peluche porte des lunettes de soleil.
The teddy bear is wearing sunglasses.

Les jeux sont dans le placard.
The games are in the cupboard.

La voiture est sous la glissoire.
The car is under the slide.

La poupée est dans le berceau.
The doll is in the cradle.

L'avion est dans le coffre à jouets.
The airplane is in the toybox.

Jordan monte sur le cheval à bascule.
Jordan climbs on the rocking horse.

Il porte un chapeau de cow-boy.
He is wearing a cowboy hat.

Bonne nuit!
Goodnight!

C'est l'heure du coucher.
It is bedtime.

Marie-Paule et Paulette dorment.
Marie-Paule and Paulette are asleep.

Le réveil est sur la commode.
The clock is on the dresser.

Marie-Paule fait un câlin à son lapin.
Marie-Paule cuddles her rabbit.

Rose est fatiguée.
Rose is tired.

Elle porte son pyjama.
She is wearing her pajamas.

Rose déroule le sac de couchage.
Rose unrolls the sleeping bag.

Jordan est dans la salle de bains.
Jordan is in the bathroom.

Il y a deux lits dans la chambre à coucher.
There are two beds in the bedroom.

Il se brosse les dents.
He is brushing his teeth.

Il se regarde dans le miroir.
He is looking at himself in the mirror.

Madame Martin range les vêtements.
Mrs. Martin is putting away the clothes.

Miko dort dans la valise.
Miko is sleeping in the suitcase.

37

Word List

This is an alphabetical list of words that appear in this book. These are the short forms used in the word list: (f) feminine; (fpl) feminine plural; (m) masculine; (mpl) masculine plural. In an entry such as "beautiful / beau (belle)," "belle" is the feminine form of "beau."

after / après 20
afternoon / après-midi (m) 30
air / air (m) 21
airplane / avion (m) 35
also / aussi 13
ambulance / ambulance (f) 24
animal / animal (m) 12
ankle / cheville (f) 23
apple tree / pommier (m) 29
apron / tablier (m) 14
arrive (to) / arriver 16
asleep (to be) / dormir 36
aunt / tante (f) 7, 15, 29, 31

baby / bébé (m) 23
ball / balle (f) 17, 20
balloon / ballon (m) 9, 15
banana / banane (f) 11
bandanna / foulard (m) 4
bank / banque (f) 25
barn / grange (f) 28
basket / panier (m) 10
basketball / basket-ball (m) 17
bathroom / salle de bains (f) 37
be (to) / être 5, 6, 7, 8, 9, 10, 11,
    12, 13, 15, 16, 17, 18, 19, 21, 22,
    23, 24, 25, 27, 28, 29, 31, 32, 33,
    34, 35, 36, 37
beach / plage (f) 26
beautiful / beau (belle) 11, 13
bed / lit (m) 37
bedroom / chambre à coucher (f) 37
bedtime / heure du coucher (f) 36
behind / derrière 25
bench / banc (m) 31
beside / à côté de 17
best / meilleur(e) 7
bicycle / bicyclette (f) 4
big / gros(se) 11
birthday / anniversaire (m) 8, 14
blow bubbles (to) / faire des bulles 15
book / livre (m) 12, 13, 18
bookcase / bibliothèque (f) 34
bookstore / librairie (f) 12
born (to be) / naître 7
boy / garçon (m) 19, 23
broken / cassé(e) 22
brother / frère (m) 6
brush one's teeth / se brosser
    les dents 37
bubble / bulle (f) 15
building / immeuble (m) 24
bulldozer / bulldozer (m) 24

butter / beurre (m) 8
butterfly / papillon (m) 15
buy (to) / acheter 12

café / café (m) 25
cake / gâteau (m) 8, 14
calf / veau (m) 28
call oneself (to) / s'appeler 4, 6
Canadian / canadien(ne) 7
candle / bougie (f) 14
car / auto (f) 16; voiture (f) 25, 35
card / carte (f) 30
carry (to) / transporter 28
cat / chat (m) 5
CD / DC (m) 13
chair / chaise (f) 8
cheer (to) / pousser des hourras 20
chess / échecs (mpl) 34
chickenpox / varicelle (f) 22
children / enfants 12, 13, 15, 17, 18, 20
chip / frite (f) 32
chocolate / chocolat (m) 8
city / ville (f) 4, 24
class / classe (f) 18
classroom / salle de classe (f) 18
climb (to) / monter 35
clock / réveil (m) 36
close / près 24, 29
closed / fermé(e) 25
clothes / vêtements (mpl) 37
coach / entraîneur(euse) 20
color / coloriage (m) 19
computer / ordinateur (m) 19
construction / construction (f) 24
cook (to) / faire cuire 14
cool / frais (fraîche) 26
corner / coin (m) 12
cost (to) / coûter 11
country / campagne (f) 7, 28
cousin / cousin(e) 7, 30
cow / vache (f) 29
cowboy / cow-boy (m) 35
cradle / berceau (m) 35
cross (to) / traverser 25
crutch / béquille (f) 22
cry (to) / pleurer 23
cucumber / concombre (m) 11
cuddle (to) / faire un câlin 36
cupboard / placard (m) 35
curtain / rideau (m) 31

dad / papa (m) 8, 14
delicious / délicieux(euse) 33

deliver (to) / livrer 24
desk / bureau (m) 19
dictionary / dictionnaire (m) 12
dinner time / heure du dîner (f) 32
dinosaur / dinosaure (m) 6
doctor / docteur(e) 22, 23
dog / chien (m) 4
doghouse / niche (f) 29
doll / poupée (f) 35
dollhouse / maison de poupée (f) 34
door / porte (f) 13
dress / robe (f) 13
dress up (to) / se déguiser 18
dresser / commode (f) 36
drink (to) / boire 32
drive (to) / conduire 28
duck / canard (m) 27
dump truck / camion-benne (m) 24

early / de bonne heure 16
eat (to) / manger 29, 32
egg / œuf (m) 28
eight / huit 20
eleven / onze 20
entrance / entrée (f) 33
everyone / tout le monde 16, 30

face (to) / faire face à 25
family / famille (f) 6, 8, 12, 26, 30
farmyard / basse-cour (f) 28
father / père (m) 6, 28
favorite / favori(te) 9
fence / clôture (f) 29
field / terrain (m) 20; champ (m) 29
finish (to) / finir 33
fire truck / voiture de pompiers (f) 24
firefighter / pompier (m) 6
fish / poisson (m) 32
five / cinq 20
flower / fleur (f) 11
fork / fourchette (f) 32
fountain / fontaine (f) 17
four / quatre 20
fresh / frais (fraîche) 28
friend / ami(e) 7, 17
fruit / fruit (m) 10

game / jeu (m) 35
garbage can / poubelle (f) 19
garden / jardin (m) 15
gas station / station-service (f) 25
gift / cadeau (m) 12, 14
girl / fille (f) 5, 16, 19, 22, 33

glass / verre (m) 14
glasses / lunettes (fpl) 4
globe / globe terrestre (m) 34
goalkeeper / gardien de but (m) 21
goodnight / bonne nuit 36
grandfather / grand-père (m) 7
grandma / grand-maman (f) 14
grandmother / grand-mère (f) 7, 8, 12, 14
grape / raisin (m) 9
grass / herbe (f) 29
green / vert(e) 10
grocery / épicerie (f) 25
group / groupe (m) 18
guitar / guitare (f) 18

hamburger / hamburger (m) 14
hand / main (f) 23
hat / chapeau (m) 35
have (to) / avoir 6, 22, 23
headache / mal de tête (m) 22
hello / bonjour 4
hen / poule (f) 28
here is/are / voici 22, 30
hide from (to) / se cacher 31
hide-and-seek / cache-cache (m) 21
hold (to) / tenir 23
home / maison (f) 8
hopscotch / marelle (f) 5
horse / cheval (m) 29, 35
hospital / hôpital (m) 24
hot / chaud(e) 27
house / maison (f) 5
hug (to) / serrer dans ses bras 16
hungry (to be) / avoir faim 32

in front / devant 16, 21, 25
it is / c'est; il est 8, 16, 36

juice / jus (m) 10

kitchen / cuisine (f) 8
knapsack / sac à dos (m) 17
kneel (to) / se mettre à genoux 8
knit (to) / tricoter 31

large / grand(e) 32
leg / jambe (f) 22
lemonade / limonade (f) 14
letter carrier / facteur (m) 24
lettuce / laitue (f) 10
library / bibliothèque (f) 25
light / feu (m) 25
like (to) / aimer 4, 6, 10, 12, 18, 33, 34
listen (to) / écouter 13
little / petit(e) 16
live (to) / habiter 4, 7
living room / salon (m) 30
look (to) / regarder 11, 17
look at oneself (to) / se regarder 37

look for (to) / chercher 12
lot / beaucoup 13

magazine / revue (f) 12
mail / courrier (m) 24
make (to) / faire 4, 8, 10, 14, 15, 25, 36
man / homme (m) 12
milk shake / lait frappé (m) 32
mirror / miroir (m) 37
mix (to) / mélanger 8
mom / maman (f) 9, 14
Monday / lundi (m) 19
mother / mère (f) 6, 28
motorcycle / motocyclette (f) 25
movie theater / cinéma (m) 25
Mr. / Monsieur 13, 18, 24, 27, 30
Mrs. / Madame 12, 17, 26, 31, 37
mud / boue (f) 28
musician / musicien(ne) 6

name / nom (m) 4, 6
near / près 13
neighborhood / quartier (m) 5
net / but (m) 21
newspaper / journal (m) 30
next to / à côté de 11, 33
nine / neuf 20
no / non 31
number / numéro (m) 21
nurse / infirmier(ière) 23

oats / avoine (f) 29
office / bureau (m) 22
one / un 20, 21
onion / oignon (m) 11
open / ouvert(e) 31
open (to) / ouvrir 14
orange / orange (f) 10
outside / dehors 11; à l'extérieur 16, 25
overalls / salopettes (fpl) 29

pail / seau (m) 27
paint (to) / peindre 29
pajamas / pyjama (m) 36
parent / parent (m) 16
park / parc (m) 25
parked / stationné(e) 16
patient / patient (m) 22
pet (to) / flatter 16
photo / photo (f) 14, 30
piano / piano (m) 31
picture / dessin (m) 9
pig / cochon (m) 28
play (to) / jouer 5, 6, 15, 17, 18, 20, 28, 31, 34
player / joueur(euse) 20
playroom / salle de jeux (f) 34
police / police (f) 25
police car / voiture de police (f) 25
poodle / caniche (m) 13

porch / véranda (f) 29
potato / pomme de terre (f) 10
pour (to) / verser 14
practice (to) / s'exercer 9
pregnant / enceinte 15
principal / directeur(trice) 16
put (to) / mettre 26
put away (to) / ranger 19, 37
puzzle / casse-tête (m) 19

rabbit / lapin (m) 36
radish / radis (m) 11
raspberry / framboise (f) 11
read (to) / lire 18, 30
red / rouge 11, 20, 25
referee / arbitre (m) 21
refrigerator / réfrigérateur (m) 9
relax (to) / se détendre 30
restaurant / restaurant (m) 32
ride a bicycle (to) / faire de la bicyclette 4
rocking horse / cheval à bascule (m) 35
rooster / coq (m) 28
ruler / règle (f) 19
run (to) / courir 20, 28

sailboat / voilier (m) 27
salad / salade (f) 32
sand / sable (m) 27
sandcastle / château de sable (m) 26
Saturday / samedi (m) 8, 30
school / école (f) 16
sell (to) / vendre 13
seven / sept 20
sheep / mouton (m) 29
shelf / rayon (m) 12
shine (to) / briller 27
shop (to) / faire des courses 10
short / petit(e) 23
shorts / short (m) 27
shoulder / épaule (f) 23
shovel / pelle (f) 27
sidewalk / trottoir (m) 5
sing (to) / chanter 18
sister / sœur (f) 23
sit (to) / s'asseoir 16, 29
six / six 20, 21
skateboard / planche à roulettes (f) 5
skip (to) / sauter à la corde 17
sleeping bag / sac de couchage (m) 36
slide / glissoire (f) 35
small / petit(e) 5
soccer / soccer (m) 20
sock / chaussette (f) 31
sofa / sofa (m) 31
song / chanson (f) 9
sore / mal 22, 23
soup / soupe (f) 33
spaghetti / spaghettis (mpl) 33
stop (to) / s'arrêter 25

store / magasin (m) 10, 13
story / histoire (f) 13
street / rue (f) 25
student / élève (m/f) 16
sugar / sucre (m) 8
suitcase / valise (f) 37
sun / soleil (m) 27
sunglasses / lunettes de soleil (fpl) 35
sunhat / chapeau de soleil (m) 26
sunscreen lotion / crème solaire (f) 26
swim (to) / nager 27
swimsuit / maillot de bain (m) 26
swing / balançoire (f) 15

table / table (f) 9, 25, 34
take (to) / prendre 14
talk (to) / parler 17
tall / grand(e) 23
tea set / service à thé (m) 34
teacher / professeur (m) 17
team / équipe (f) 20
teddy bear / ours en peluche (m) 35
teenager / adolescent(e) 22
ten / dix 20
thank you / merci 33
there is / voilà 19, 27

there are / il y a 9, 13, 14, 20, 37
thirsty (to be) / avoir soif 32
three / trois 20
tired / fatigué(e) 36
today / aujourd'hui 8, 19, 27
tomato / tomate (f) 11, 33
tooth / dent (f) 37
toward / vers 27
toybox / coffre à jouets (m) 35
tractor / tracteur (m) 28
train / train (m) 34
tree / arbre (m) 5, 26
T-shirt / T-shirt (m) 27
turn / tour (m) 31
TV / télé (f) 9
twelve / douze 20
twin / jumeau (jumelle) 15, 29
two / deux 20, 37

uncle / oncle (m) 7, 14, 29, 31
under / sous 26, 31, 35
uniform / chandail (m) 20
unroll (to) / dérouler 36

vacation / vacances (fpl) 26
vegetable / légume (m) 10

video / vidéocassette (f) 13
violin / violon (m) 9

wagon / chariot (m) 16
wait (to) / attendre 11, 16
waiting room / salle d'attente (f) 22
walk (to) / marcher 22
want (to) / vouloir 12
wash (to) / laver 24
washroom / toilettes (fpl) 33
watch (to) / regarder 9, 15
wear (to) / porter 4, 13, 14, 20, 26, 27, 29, 35, 36
weekend / fin de semaine (f) 28
welcome / bienvenu(e) 18
wheelchair / fauteuil roulant (m) 17
where / où 32
whistle / sifflet (m) 21
whole / tout(e) 12, 30
window / fenêtre (f) 17, 31
with / avec 6, 19, 21, 22, 34
woman / femme (f) 13
wool / laine (f) 31
work (to) / travailler 19

yellow / jaune 11

Verbs

Avoir
j'ai
tu as
il/elle a
nous avons
vous avez
ils/elles ont

Courir
je cours
tu cours
il/elle court
nous courons
vous courez
ils/elles courent

Être
je suis
tu es
il/elle est
nous sommes
vous êtes
ils/elles sont

Faire
je fais
tu fais
il/elle fait
nous faisons
vous faites
ils/elles font

Finir
je finis
tu finis
il/elle finit
nous finissons
vous finissez
ils/elles finissent

Jouer
je joue
tu joues
il/elle joue
nous jouons
vous jouez
ils/elles jouent

Manger
je mange
tu manges
il/elle mange
nous mangeons
vous mangez
ils/elles mangent

Prendre
je prends
tu prends
il/elle prend
nous prenons
vous prenez
ils/elles prennent

Vouloir
je veux
tu veux
il/elle veut
nous voulons
vous voulez
ils/elles veulent